JAN-DERBLAY, René RAOUL-TOCHÉ et G. TEDNAU

Page de Gloire

(Noël en Alsace)

ALLÉGORIE EN UN ACTE, MÉLÉE DE CHANT

DISTRIBUTION :

PÈRE GRAND............................	MM. Simon-Max.
FRITZ....................................	Julien Darcy.
TOTOR..................................	Jan-Derblay.
FRIQUET.................................	Mlles Germaine Lizzy
LISE......................................	Luzzy Doll.
LA VICTOIRE...........................	La Héléna.

La scène se passe en Alsace. Un intérieur rustique, mais confortable, de paysans assez aisés. Pendant la campagne 1914.

C'est le soir de la Noël. La neige tombe au dehors. A gauche de la pièce, une grande cheminée rustique (praticable). Au milieu, une table, deux chaises, un fauteuil devant la cheminée.

On entend au loin la canonnade.

G. ONDET Editeur, 83, Faubourg Saint-Denis, PARIS

Répertoire de la Société des Auteurs, Compositeurs et Editeurs de Musique,
10, rue Chaptal, Paris

SCÈNE PREMIÈRE

Père Grand, Friquet

Au lever du rideau, Père Grand astique son fusil. Le petit Friquet joue auprès de la table.

Père Grand, *fredonnant:*

Air : Chanson du Pâtour (Botrel) (1)

I

Il est là-bas sur la frontière,
Et lon lon la, et lon lon laire...
Il est là-bas mon petit gars.
Et lon lon laire, et lon lon la...

II

En vain notre ennemi se terre,
Et lon lon la, et lon lon laire...
Le Français le dénichera...
Et lon lon laire, et lon lon la...

Friquet. — Père Grand?

Père Grand. — Quoi donc, mon petiot?

Friquet. — C'est y vrai c'qu'il nous a dit, le magister, à l'école, (*un temps*) qu'ils coupent les mains des petits enfants?

Père Grand, *s'arrêtant.* — Vois-tu, Friquet, c'est d'la sale graine, que ces Boches! Ils sèment le deuil, font souffrir les femmes, martyrisent les enfants... comme si parmi eux y avaient pas de pères!... Ils s'excusent en disant : « C'est la guerre »... Ah! les bandits!

Friquet. — Ils sont méchants...

Père Grand. — Oui, vrai de vrai, c'est à croire qu'y a plus d'Bon Dieu pour les honnêtes gens, à c't'heure!

Friquet, *lui mettant la main sur la bouche* — Dis pas ça, Père Grand! M'sieu l'Curé nous a dit qu'aujourd'hui, jour de sa naissance, le p'tit Jésus ne pouvait rien refuser aux enfants d'Alsace.

---

(1) On peut se procurer chez l'Editeur G. ONDET toutes les chansons sur lesquelles sont faits les couplets de cette pièce.

Père Grand, *lui prenant la tête.* — Va, mon petiot, prie, prie de toute ton âme. C'est avec des prières que de mon temps on faisait des consciences droites et honnêtes, et c'est encore avec des prières que l'on met dans l'cœur de tout bon Français la Foi et l'Espérance.

Au loin la canonnade redouble.

Friquet. — Oh ! Père Grand, tu entends ?... Ça a dû tomber près des champs du père Hans ! J'ai peur !

Père Grand — Allons, ça va-t-y t'faire trembler, maintenant ? C'est rien, cela ; sois courageux ! Et dis-toi que plus le bruit de la canonnade approchera, plus nos enfants de France avanceront ! Et, devraient-ils réduire en miettes notre village, et ma bicoque du même coup, tu verras vibrer notre chère terre d'Alsace lorsque les Français fouleront de leurs pieds, en vainqueurs, ce sol qui redeviendra enfin ce qu'il était : « La terre de France »

Il réfléchit. Pendant ce temps, Friquet va doucement prendre une paire de sabots et se prépare à les déposer dans l'âtre.

Friquet. — Père Grand, il aura pas peur du canon, le p'tit Jésus ? Il viendra tout de même chez nous ?

Père Grand. — Ah ! mon p'tit gars, c'lui qu'est là-haut a bien en ce moment autre chose à penser !

Friquet. — Mais puisque c'est sa fête !

Père Grand. — N'y a plus d'fête, mon p'tit Friquet, plus d'jouets pour les p'tits enfants, lorsque le pays souffre et que les nôtres versent leur sang. Mais n'crains rien, ils reviendront les beaux jours, et l'plus joli cadeau que l'vieux Père Noël pourra te faire, ce sera de t'rendre à ta vraie Maman.

Friquet. — Ma vraie Maman ?

Père Grand. — Oui, à la France !

Air : Sonnez, carillons de Flandre (Cloërec-Maupas)

I

Je garde en mon cœur souvenance,
Quoique ce soit loin, mon petit,
Du temps où cette belle France
Etait sœur de notre Pays.
En « volant » la Terre d'Alsace
Les Barbares se croyaient vainqueurs,

Mais, n'étant pas de notre race,
Ils n'ont su conquérir nos cœurs.

REFRAIN

Pensant à toi, France chérie,
Remplis d'espoir nous attendons;
Car le Parfum de la Patrie
Apporte la libération !...

II

Un jour, on cria : « C'est la guerre ! »
On venait de nous ordonner,
De partir sur notre frontière...
L'heure, hélas ! venait de sonner,
Continuant son long martyre,
L'Alsace envoya ses enfants ;
Mais chacuu d'eux semblait lui dire :
« Maman, on sera triomphant.

REFRAIN

« En écoutant la voix française,
Nous saurons donner notre peau
Aux accents de la Marseillaise,
Pour la France et pour son drapeau. »

Il embrasse le petit Friquet. A ce moment, la porte s'ouvre et Lise entre toute enmitouflée, un panier à la main.

———

SCÈNE II

Les mêmes, Lise

LISE, *se secouant*. — Si la neige continué à tomber, on ne pourra plus passer par le chemin creux, il y en a déjà haut comme cela ! (*geste*).

PÈRE GRAND. — Un fichu temps, ma Lison, un vrai temps de Boche. Si c'temps-là rafraichît les nôtres, il n'doit pas les réchauffer non plus, eux !...

LISE. — Taisez-vous, Père Grand, ne parlez pas si fort : j'ai croisé en revenant, sur la grande route, trois détachements escortant des canons et, aussi, des voitures remplies de blessés. De plus, de nombreux fuyards dispersés errent dans le bois ; et, s'ils vous entendaient...

Père Grand. — Allons donc ! ma carcasse est ben trop vieille pour qu'ils craignent !...

Lise, *continuant*. — L'attaque a été très violente, surtout du côté de la petite brèche. Les Allemands ont dû abandonner une grande partie de leur butin ; ils viennent, dit-on, de se retrancher dans le village.

Père Grand, *farouche*. — Ils n'y resteront pas long-temps !

Friquet, *après une hésitation*. — Père Grand, laisse-moi aller jusqu'à la route.

Père Grand. — Tu es fou, méchant galopin ! T'es une sale graine, mais j'tiens encore trop à toi pour que t'ailles grossir le nombre de leurs victimes ! (*à Lise*) Fillette, prépare-moi une bolée d'vin tiède avec un verre de vieux kirsch ; j'me sens l'cœur tout gai ! (*il allume sa pipe de porcelaine*)

Friquet, *revenant à la charge*. — Père Grand ?...

Père Grand. — Quoi encore ?

Friquet. — Laisse-moi aller ?

Père Grand. — J'ai dit « non » !

Lise. — Oh ! va, laisse-le ! Friquet connaît des endroits où un renard ne passerait pas ; il dépisterait les meilleurs limiers... Voilà la nuit tombée, il ne peut rien lui arriver !

Père Grand. — Rien.. rien !.. Enfin.. va !

Puis r'garde bien, et si tu vois quelque chose de louche, viens m'le dire. J'ai encore bon pied, bon œil ! mon fusil s'rouille, et, d'puis l'dernier qu'j'ai descendu, la main m'démange !.....

Friquet. — Oh ! merci, Père Grand. (*Il sort en courant*)

- - - - - - - -

SCÈNE III

Père Grand, Lise

Lise. — Voilà ton vin chaud, grand-père !

Père Grand. — Mais ça brûle, gamine ! Ça réchauffera mes vieux os, j'en ai besoin ; cette sacrée guerre, vois-tu, me brise, me fatigue ! A mon âge, on tient peu à la vie ; cependant, je ne demande qu'une seule chose : avoir assez de jours devant moi pour voir la victoire éclatante, que nous attendons tous !

Lise. — Vous êtes plus jeune et plus vert que bien de nos gars, grand père !

Père Grand. — Et je te l'dois, petite ! Tu soignes mes vieux ans et tu me gâtes comme feu ta grand'mère ne l'aurait pas fait ! Que Dieu ait en garde sa mémoire.

Lise. — C'est tout naturel ; en dehors de toi et de Friquet je n'ai aucune affection. J'aime notre vieille maison où chaque objet m'est cher ; j'aime nos bois, nos champs, notre village...

Père Grand. — Et c'est tout?

Lise, *timide*. — Mais.. oui..

Père Grand. — P'tite cachottière.. A qui penses-tu donc quand tu restes songeuse dans un coin?.. (*geste de protestation de Lise*) Oh! ne dis point non., je t'observe; et quand l'corsage d'une jolie fille est soulevé par d'aussi profonds soupirs, dame .. ça veut dire bien des choses...

Air : Les hommes savent des choses (Cloërec-Maupas)

I

A grand père on ne cache rien,
Tu le sais bien.
Et je devine ton roman,
Il est charmant.
Brave garçon, fillette sage :
Bon mariage!
Epouse ce cher amoureux,
J'en suis heureux.
Je vois tes regards, tes sourires,
Et tu soupires ;
Et je t'observe, très content,
Car, de mon temps, j'en fis autant.

REFRAIN

L'amour sait tant de choses
Pour griser notre cœur :
Jours bénis, rêves roses
Et des nuits de bonheur.
On aime à la folie
Un aimable amoureux ;
Et c'est pour lui que l'on quitte les vieux,
    C'est la vie !..

II

Ma fillette, tu fis, je crois,
    Un très bon choix.
Fritz est un garçon plein d'honneur,
    Bon travailleur.
Et plus tard, mère de famille,
    Toutes tes filles
Loin de toi partiront un jour
    Avec l'amour.
Et, les aimant comme je t'aime,
    Faudra quand même
T'en séparer, chagrine un brin,
Et dire enfin ce doux refrain :

Au Refrain.

Lise, *toute rougissante.* — Père Grand..

Père Grand. — Va, ton Fritz est un brave garçon, un bon Français. Il nous l'a prouvé le jour de la mobilisation ; quand il a reçu l'ordre du feldwebell d'avoir à se rendre à la caserne de la garde prussienne ; il n'a pas hésité, et froidement, son p'tit baluchon au bout d'sa canne, il est parti vers la frontière ; et c'est la France qu'il sert, et pour laquelle il est prêt à donner sa vie... Pour elle... et pour toi !...

Lise, *à regret.* — Il est parti sans même jeter un regard en arrière..

Père Grand. — Il emportait dans ses yeux l'image du pays !.. Et puis quoi ! c'était p't-être pour cacher ses larmes !

Lise. — Va, grand-père, ce n'est pas le courage qui

me manque ; mais ce qui me torture c'est de ne plus avoir de ses nouvelles. Dans quel coin se bat-il ? Est-il vivant, est-il mort ?

Père Grand. — J'le crois ben trop fûté pour casser ainsi sa pipe !

Lise, *qui s'est approchée de la fenêtre.* — Voyez donc, Père grand, on dirait là-bas un grand feu d'artifice ; la colline est toute illuminée, comme en plein jour !

Père Grand. — C'est encore une de leurs ruses d'éclairer ainsi ; mais ça ne les gêne pas, nos soldats : on sait qu'en France c'est en plein jour et à découvert que l'on aime se battre.

Lise. — Entendez-vous, Père grand, ces piétinements nombreux ? On dirait que des corps d'armée entiers passent sur la grand'route.

Père Grand, *s'approche à son tour.* — Et ce bruit s'étend jusqu'à la sortie du village.. Mais ils ne s'arrêtent donc pas ? Tant mieux, ils ne camperont pas chez nous !

Lise. — On court dans le p'tit chemin !..

Père Grand. — Mets le loquet à la porte (*brusquement*) Non, arrête ; c'est Friquet !

SCÈNE IV

Les mêmes, Friquet

La porte s'ouvre, Friquet entre.

Friquet. — Père grand, Lise ! les voilà, ce sont eux !

Père Grand *découragé.* — Hélas !

Friquet, *joyeux.* — Mais non... les Français !...

Père Grand. — Allons, p'tit, qu'est-ce que tu dis ? C'est pas vrai ? (*il l'écarte et se précipite vers la porte*) On n'entend rien ! Quel silence ! (*Coups de feu, la charge*) Nom de Dieu ! les Alpins !...

Tous trois sont figés sur place, tête découverte, pendant que la charge diminue puis s'éteint.

Père Grand. — Vive la France !

Jeu de scène. Il tombe sur une chaise, la tête entre les mains.

LISE, *s'approchant vers lui.* — Va! pleure, grand-père, ce sont des émotions qui ne font pas de mal!...

SCÈNE V

Les mêmes, Fritz, Totor

Fritz et Victor, sur le pas de la porte, sac au dos, fusil, etc...

FRITZ. — Ben quoi, on ne me reconnaît donc pas?

FRIQUET, *va vers lui.* — Fritz ??

LISE. — C'est toi?

PÈRE GRAND, *relevant la tête et se levant brusquement.* — Mon gars!

Tout le monde pleure.

TOTOR. — Ben quoi, alors! C'est pire qu'à Versailles le dimanche, c'est les grandes eaux!

PÈRE GRAND. — Approche, approche donc que j'te voie! T'es bien vivant? Et puis quoi!.. Vous n'avez pas fini de pleurer, vous autres! Regardez-moi! Je ris, moi!

Il pleure tout en parlant.

FRIQUET. — T'as pas trop d'mal?

FRITZ. — Mais non, mon p'tit gars! Dam', on ne fait pas d'omelette sans casser des œufs! J'ai vu de bien près mon dernier jour; mais, grâce à Totor, le salaud qui voulait ma peau ne bouftera plus de choucroute!

LISE, *va vers Totor et lui serre la main.* — Merci, Monsieur!

TOTOR. — Oh! Mam'zelle, y a pas de quoi! Y vous dit pas qu'il m'a rendu peut-être vingt fois le même service... avant...

PÈRE GRAND. — T'es de Paris, toi?

TOTOR, *se présentant.* — Totor, de Ménilmuch! (*mouvement de Père Grand*) Oh oui, c'est un petit patelin qu'est près de Paris!

Père Grand. — Vous êtes de braves gars, et la France peut être fière de ses enfants!...

Totor. — On n'a fait qu'son devoir! Comme j'dis aux copains : « Cherche pas à comprendre, va¹ on t'dit d'marcher, marche¹ on t'dit d'arrêter, fais le mort! »

Lise. — Fritz, toute cette campagne n'est-elle pas trop douloureuse pour vous ?

Fritz. — Douloureuse quand il s'agit de reprendre à ces faillis chiens notre chère terre d'Alsace. Douloureuse, quand chacun de nous oublie ses propres misères et ses blessures pour ne penser qu'au salut commun. Non ! ce n'est pas de la douleur qui peut pénétrer dans nos âmes, c'est un rayon de joie, et de l'espoir de voir enfin notre terre libre et la victoire prochaine !

Totor. — Oh ! y a ben quelques accrocs quand il faut charger le ventre vide ; mais on oublie tout ça, on n'entend même pas le bruit des balles et du canon : Ventre affamé n'a pas d'oreilles!

Père Grand — Et moi qui vous oublie, mes pauvres enfants : Friquet, viens donc m'aider à quérir une bonne bouteille de vin et de quoi les restaurer !

Totor défait son sac, va pour s'asseoir sur le fauteuil ; Père Grand lui fait signe, il ne comprend pas.

Père Grand. — Eh ! l'parigot !

Il lui fait signe, montrant Lise et Fritz.

Totor. — Ah ! compris !

Il rejoint Père Grand sur la pointe des pieds, en chantonnant :

Air : Y a qu'les amoureux (Roberty)

Y a qu'les amoureux qui ne cherchent pas la fortune,
Y a qu'les amoureux qui se trouv'nt, sur la terre, heureux.
Y a qu'les amoureux qui s'en vont au clair de la lune,
Y a qu'les amoureux qui s'embrass'nt dans les coins ombreux.

Lise, *sans conviction.* — Père Grand, t'as pas besoin de moi ?

Père Grand. — Non, les enfants! Vous n'avez pas trop d'temps devant vous, et vous devez avoir bien des choses à vous dire !

Tous trois sortent avec des signes d'intelligence.

SCÈNE VI

Fritz et Lise

Fritz. — Lise ! je l'ai toujours gardé sur mon cœur, le myosotis que tu m'as donné lorsque nous nous sommes séparés ; et, pas plus que ta pensée, il ne m'a jamais quitté !

Lise. — Fritz ! ton cher souvenir n'a cessé de faire battre mon cœur ; et, s'il bat souvent pour notre cher pays, le meilleur de lui allait toujours à toi !

Fritz. — Je n'ai jamais douté une seule fois de ton amour ! Tu te souviens de nos promesses ?

Lise, *se souvenant*. « J'attendrai patiemment ton retour, et quand tu reviendras je serai pour toi l'épouse la plus sincère et la plus dévouée. » Tu vois, je me souviens !

Fritz. — Et ce fut en échangeant notre premier baiser... baiser d'adieu.. que nous avons scellé notre amour par le plus doux des serments, quand tu m'as dit : « Je t'aime et t'aimerai toujours ! »

DUO

Air : Comme un joujou (Cloërec-Maupas)

LUI

Te souviens-tu de nos douces caresses,
Lorsque ton cœur se pressait sur mon cœur,

ELLE

Te souviens-tu de nos chères promesses ?
Unis tous deux, nous allions au bonheur.

LUI

Mais avant tout, il fallait, ma chérie,
Etre soldat pour faire son devoir.
Je suis parti, c'était pour la Patrie,
Pour notre France que l'on allait revoir !...
    Sur l'Allemand,
    Tous en avant !

ENSEMBLE

La baïonnette est un joujou
Que l'on appelle « Rosalie » ;
C'est avec elle qu'un pioupiou
Poursuit le Boche comme un loup.
Le gueux voulait nous prendre tout :
L'honneur, la fortune et la vie ;
Mais il était là, pour un coup,
Ce glorieux joujou.

SCÈNE VII

Les mêmes, Père Grand, Totor, Friquet, La Victoire

Pendant les deux derniers vers, Père Grand, Friquet et Totor entrent en silence : Totor s'avance sur la pointe des pieds, grimpe sur la table, et, au moment où ils échangent leur baiser, il les bénit de façon comique. Surprise de Lise qui se cache pudiquement le visage

TOTOR. — L'heure du berger, comme sur les pendules du Faubourg-Antoine !

FRITZ. — Sacré Parisien, va !

LISE, *remise, et riant.* — Vous n'êtes pas gentils d'entrer ainsi sans crier gare !

PÈRE GRAND. — Rougis pas ainsi, petite ! il n'y a rien de tel pour mes vieux ans que de voir deux jeunes cœurs s'aimer d'amour sincère !... Puis vous étiez si gentils, tous les deux ! (*il pose les bouteilles sur la table*) Tenez, les gars ! Y a ben longtemps que je n'en ai pas monté de pareilles. Je les gardais pour les jours de joie ; il n'en est pas de plus beau pour moi que celui qui vous réunit tous les deux et qui me permet de voir sur notre terre d'Alsace « les pioupious de France. »

Pendant ce temps, Totor débouche la bouteille, souffle sur le goulot, l'essuie avec sa manche et, le reniflant, siffle.

TOTOR. — Oh ! ça, c'est pas de l'Aramon, c'est du fameux Pinard !..

Lise et Friquet préparent les verres. Fritz se chauffe près de l'âtre, Père Grand regarde. Totor approuve. Tout le monde s'approche de la table et, prenant les verres.

Totor. — A la santé de Mam'zelle Lise !

Fritz. — A la Victoire !

Père Grand. — A la France !

A ce moment, bruit de cloches au lointain.

Lise. — La Messe de Minuit !...

Friquet. — Il va naître, le petit Jésus ?

Père Grand, *se découvrant*. — A cette heure, dans les châteaux comme dans les chaumières, tous les cœurs battent dans une pensée commune pour ceux qui nous sont chers et qui luttent pour nous. Dans les tranchées, ils sont nombreux nos p'tits gars qui revivent leur enfance ; ils ne mettront point leurs sabots dans la cheminée, mais le jour qui va luire les retrouvera plus forts, plus vaillants, plus animés du désir de vaincre, *(avec une grande émotion)* Jésus, protège nos fils, protège nos chers soldats, veille sur notre drapeau !... *(Tous, en chœur et découverts)* Jésus, protège nos fils, protège nos chers soldats, veille sur notre drapeau !

(Un temps)

Friquet. — Père Grand, maintemant, j'peux mettre mes sabots dans la cheminée ?

Père Grand. — Oui, petit !

Ils contemplent avec émotion l'enfant qui prend ses gros sabots ; va les déposer dans l'âtre, s'agenouille sur la pierre et chante.

Air : Le Noël (d'Holmès)

Noël, Noël, tu viens ce soir
Dans tous les foyers de l'Alsace.
Qu'apportes-tu, je veux savoir ?
Que caches-tu dans ta besace ?
Est-ce un cheval, est-ce un jouet,
Est-ce un petit soldat de France ?
Apporte-nous ce qu'il te plaît ;
En toi, nous avons confi-ance...
  Noël, Noël,
Que du haut du ciel

Tombe enfin ta grâce bénie...
Que le Bon Dieu,
Du fond du ciel bleu,
Veille et garde notre Patrie !...

On entend les douze coups de minuit.

Père Grand.

Air : Le Noël (d'Adam)

Minuit chrétiens, c'est l'heure où, sur la terre,
L'humanité regarde vers les cieux,
Et les mamans, disent cette prière :
« Nos chers soldats, Jésus, veillez sur eux !
Ils ont donné, pour sauver notre France,
Le sang vermeil qui brûlait dans leurs cœurs ;
Mais notre Dieu bénit chaque souffrance...
Noël ! Noël ! Nos guerriers sont vainqueurs ! » *(bis)*

(Ce chant du Noël d'Adam peut être supprimé)

A ce moment, le fond de la cheminée s'ouvre, et éclairée par un projecteur, paraît dans l'encadrement de la cheminée rustique, La Victoire, *en péplum, bonnet phrygien, etc..., une palme à la main.*

SCÈNE VIII

La Victoire

Air : Le Père Pinard (Jost et Weiller)

I

Sous les plis de notre drapeau,
Me voici, je suis la Victoire !
Nos ennemis, comme un troupeau,
Vont à la mort expiatoire.
Nos hommes, nos gars, nos poilus
Ont accompli leur tâche immense :
Les Allemands n'existent plus,
Ton règne, ô justice, commence !...

Refrain

O ma France, ô pays
D'héroïsme et de gloire,
C'est pour toi que j'écris
La plus belle page d'Histoire !
Car tes fils aguerris,
Sous les ailes de la Victoire,
T'ont portée, Liberté,
A toute l'humanité !...

II

Français, vous étiez endormis
Dans votre rêve pacifique,
Et cette erreur avait permis
L'écrasement de la Belgique.
Mais voici la Marne et Verdun.
Moi, Victoire, je vous les offre,
Car, des héros, j'en ai plus d'un :
Gouraud, Castelnau, Foch ou Joffre !

Au Refrain.

III

Le Boche, de son poing d'airain,
Tenait l'Alsace et la Lorraine.
Mais la France reprend le Rhin
Et, fière, elle brise leur chaîne.
Vous êtes du pays gaulois,
Metz et Strasbourg et toi Mayence !
Venez revivre sous nos lois,
Vous êtes des villes de France !...

Au Refrain.

ENCHAINEMENT

par tous les personnages, à mi-voix

Air : La Marseillaise

Entendez-vous dans les campagnes
Mugir ces féroces soldats ?
Ils viennent jusque dans vos bras
Egorger vos fils, vos compagnes....

FRIQUET et PÈRE GRAND, *également à mi-voix*.

Noel, Noël,
Que du haut du ciel
Tombe enfin ta grâce bénie,
Que le Bon Dieu,
Du fond du ciel bleu,
Veille et garde nôtre Patrie!...

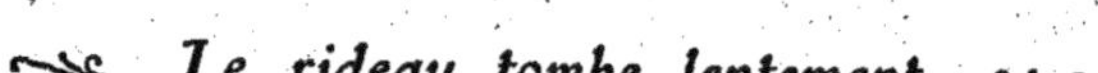

Le rideau tombe lentement

Argenteuil. — Imp. D. BARDIN